Pour Monsieur du Rincy
par son très humble & très
obeissant serviteur
                    Scarron

1123

LEANDRE ET HERO.

ODE BVRLESQVE.

DEDIE'E.

A MONSEIGNEVR FOVCQVET,
Procureur General, Sur-Intendant des
Finances, & Ministre d'Estat.

PAR Mr SCARRON.

A PARIS,
Chez ANTHOINE DE SOMMAVILLE, au
Palais, sur le deuxiesme Perron allant à la
Sainɕte Chapelle, à l'Escu de France.

M. DC. LVI.
AVEC PRIVILEGE DV ROY.

EXTRAICT DV PRIVILEGE du Roy.

PAR Grace & Priuilege du Roy. Donné à Paris le 8. Fevrier 1656. & signé par le Roy en son Conseil, BERAVD, Il est permis au Sʳ SCARRON de faire imprimer toutes ses Oeuures tant en Vers qu'en Prose, durant le temps de cinq ans entiers & accomplis, à compter du iour que chaque Volume sera paracheué d'Imprimer, & deffenses sont faites à tous Libraires, Imprimeurs & autres Estrangers, d'en vendre ny distribuër d'autre Impression, que de celle qu'il aura fait faire, où ceux qui auront droit de luy, sur les peines mentionnées esdites Lettres de Priuileges.

Les Exemplaires ont esté fournies.

Registré sur le Liure de la Communauté des Libraires le 22. Mars 1656. Conformément à l'Arrest de la Cour de Parlement.

Et ledit S.º SCARRON a cedé & transporté le Priuilege cy-dessus à l'égard de l'Ode Burlesque de Leandre & Hero, de sa composition à ANTOINE DE SOMMAVILLE, Marchand Libraire à Paris, Consentant qu'il en iouïsse pendant le temps y mentionné, & pour cét effet le met & subroge en son lieu & place, suiuant l'accord fait & passé pour ce sujet entr'eux.

Ille ego sum Vates rabido data præda dolori,
Qui supero Sanos lusibus atque jocis.
Zenonis Soboles vultu mala ferre sereno,
Et potuit Cynici libera turba Sophi.
Qui medios inter potuit lusisse dolores
Me præter toto nullus in orbe fuit.

Daret delineauit et Celauit ad viuum   Ægid. Menagius.

LEANDRE ET HERO.

ODE BVRLESQVE.

A
MONSEIGNEVR FOVCQVET
Procureur General en Parlement,
Sur-Intendant des Finances & Ministre d'Estat.

MVSE, auec qui ie me console
De tous mes déplaisirs cuisans,
Et qui dès l'auril de mes ans,
As tant fait auec moy la folle.

A

Vien dicter des Vers à ma main,
Fai qu'à FOVCQVET ils puissent plaire,
Par luy i'ay le loisir d'en faire,
Sans auoir soin du lendemain.

Maint & maint fourbe de Satrappe
M'a confondu de complimens,
Puissé-je mourir, si ie mens,
Ie m'y suis pris comme à la Trappe.

Ce sont Fanfarons d'amitié,
De vous promettre ils feront rage:
Prenez-les au mot, leur visage
Se change à vous faire pitié.

O Veaux dorez, ô faux Idoles!
Qui m'auez tant repû de vent,
O que ie deteste souuent
Vos Iscariotes paroles!

On ne verra plus tant poster,
Contre vous la pauure Hypocrene,
FOVCQVET sous meilleur Mecene
Que vous faisiez tant regreter.

Cette intelligente personne
Se rendit dés ses jeunes ans,
Sensible aux diuertissements
Qu'vn bel esprit reçoit & donne.

A ij

Il sçait le merite estimer,
Il sçait qu'en nostre siecle injuste,
Peu de grands de l'humeur d'Auguste,
Font honneur à l'art de rimer.

Nostre Roy qui dés sa jeunesse
Sert de modelle aux autres Roys,
De ses plus importans employs
Se repose sur sa sagesse.

C'est dans ces employs importans,
Que son adresse sans seconde,
Sçait l'art de refuser le monde,
Et de luy plaire en mesme temps.

Soit qu'il accorde, ou qu'il refuse,
C'est aueque tant de raison,
Que nul ne fort de sa maison,
Qui ne le loue, ou ne l'excuse.

Enfin de ses nobles Ayeux
Il encherira sur la gloire,
Et son nom sera de l'histoire
L'ornement le plus glorieux.

Mais comme il est modeste & sage,
S'il alloit me desauoüer
De ce que i'ose le loüer?
N'en disons donc pas dauantage.

A iiij

Mais aussi ce que ie luy doi,
Qui passe ma reconnoissance,
Seroit-il payé d'vn silence
Ingrat vers luy, honteux à moy ?

A cause qu'il sera modeste,
Faudra-t'il que ie sois ingrat,
Le vice le plus scelerat
De ceux que le plus ie deteste ?

Non, non, Muse, il en faut parler
Sa vertu, pour estre loüée
Des vers d'vne Muse enjoüée,
N'en peut pas moins par tout voler

Auec l'email de nos prairies,
Quand on le sçait bien façonner,
On peut aussi bien couronner,
Qu'auec l'or, & les pierreries.

Vous vous mocqués de ce discours,
Faiseurs de grands vers pleins d'emphase,
Qui seuls croyés monter Pegase,
Dans vos voyages de longs cours.

On peut escrire en vers en Prose,
Auec art, auec jugement,
Mais escrire auec agrément,
Mes chers Maistres, c'est autre chose.

Les vers ont aussi leur destin,
Vn Poëme en genre sublime,
Que son autheur lime, & relime,
Ne vit quelquefois qu'vn matin.

Cependant des Autheurs Comiques
Les meilleurs, dont il est fort peu,
Ne sont pas bons à mettre au feu,
Au iugement des Heroïques.

I'en sçay de ceux au grand collier,
Des plus adroits à l'escritoire,
Qui pensent aller à la gloire,
Et ne vont que chez l'Espicier.

Ce n'est pas dans vne Ruëlle,
Deuant des celestes beautez,
Ou des Partisans appostez,
Qu'on met vn liure à la coupelle.

C'est au Palais, chez les Marchans,
Ou la vente mauuaise ou bonne,
A tous ouurages oste ou donne
Le nom de bons ou de méchans.

Sur-ce suiet c'est assez dire:
Ca çà, quitons le serieux,
Et prenons le facetieux,
Aussi bien i'enrage de rire.

B

QVOY QVE ie ne sois pas grand Grec,
Ie lis vne Grecque chronique,
Ou se raconte vn cas tragique,
Qu'on peut chanter sur le rebec.

Si tu veux que ie te le chante,
FOVCQVET mon vnique support,
Sans me vanter, ie me fai fort,
D'en faire vne chanson plaisante.

Escoute-là donc, la voicy,
S'il arriue qu'elle te plaise,
O grand FOVCQVET que i'auray d'aise,
Et que i'auray bien reüssy!

Deux Amans, l'vn & l'autre insigne
Pour l'esprit, & pour la beauté,
Couple d'Amans aussi vanté,
Qu'il s'en trouue deçà la ligne.

Deux Amans donc, si beaux tout deux,
Que ie donne à leur Pere & Mere,
En douze ou treize fois à faire,
Deux enfans qui soient si beaux qu'eux.

Ces amans donc tous deux d'vn âge,
Se marierent vne nuit,
Afin d'euiter le grand bruit,
Qu'auroit fait vn concubinage.

Mais faute d'un méchant batteau,
Faute d'une vieille lanterne,
Le fier Destin qui tout gouuerne,
Fit perdre en Mer le Iuuenceau.

Le Garçon auoit nom Leandre,
Et ne passoit pas pour Zero,
La Pucelle auoit nom Hero,
De peau doucette, & d'ame tendre.

Hero prit naissance à Sestos;
Son Pere y viuoit de ses rentes,
Ayant herité de deux Tantes,
Mortes pour luy fort à propos.

Sa Mere estoit bien Damoiselle,
Citoyenne de Maraton,
Sœur d'vn Trent'ayeul de Platon,
Fort prude, & passablement belle.

Parlons en suite du Garçon;
Car Monsieur valoit bien Madame,
Et logeoit vne fort belle ame,
Dans vn corps de bonne façon.

Le lieu fameux de sa naissance,
Par ou ie m'en vai debuter,
Ne peut au plus nous arrester,
Que de la longueur d'vne Stance.

B iij

La Mer le seiour des Harens
Separe de Sestos, Abide,
Et dans ce rendez-vous liquide,
Les vens vident leurs differens.

C'est dans Abide que Leandre
La premiere fois vit le iour,
Et sa Mere estoit dans ce Bourg
Ce que dans Troye estoit Cassandre.

A son fils elle avoit predit
Qu'il mourroit vn iour de trop boire,
Son fils ne l'en voulut pas croire,
Dont elle mourut de despit.

D'vne Suiuante de Medée
Qu'elle hanta sur ses vieux iours,
Elle auoit appris de bons tours,
Dont elle ne s'est point aydée.

Un Grec parent d'Agamemnon
Escrit d'elle tout au contraire;
En vne si douteuse affaire,
On ne peut dire oüy, ny non.

Feu son Espoux en son ieune âge
D'vn Roy Troyen fut escuyer,
Qui le chassa sans le payer,
Pour auoir esborgné son Page.

Mais depuis il en fut dolent;
Car il ioüoit bien à la Prime;
Faisoit merueilles à l'escrime,
Et tiroit de l'arc en volant.

Dans Abide il fit sa retraitte,
Ou l'on le fit Sergent major,
Enfin vn iour sonnant du Cor,
Il se demonta la luette.

Tels furent Messieurs leurs Parens
Tous gens d'honneur, & sans reproche,
Tous nobles de la vieille roche,
Aymez des petits & des grands.

A la

A la verité, dans l'histoire
Il n'en est pas fait mention,
Ce n'est que par tradition
Qu'on en a gardé la memoire.

Musée un Gregeois rimailleur
De qui i'emprunte cette histoire,
Soutient, qu'on auroit peine à croire,
Combien Leandre estoit railleur;

Combien au milieu des fillettes,
Il estoit hardy Iuuenceau;
Combien son entretien fut beau;
Combien belles ses chansonnettes;

C

Combien le drole auoit le don
De debiter des baliuernes;
D'eſtre Amphion dans les tauernes,
Dans les chambres vn Cupidon.

Hero fut ſacrificatrice
Ou Preſtreſſe; car c'eſt tout vn,
De Dame Venus a l'œil brun,
Deité chaude comme eſpice.

Dans vne tour, on ne ſçait pas,
Si la tour fut ronde ou carrée,
La Preſtreſſe de Cythérée,
Logeoit-elle, & tous ſes appas.

Dans cette tour des flots lauée,
Tout sont plaisir estoit souuent
De voir par la fureur du vent
La Mer iusqu'aux Cieux esleuée.

Elle auoit pour train, & pour tout
Vne vieille Sexagenaire,
Qui l'entretenoit d'ordinaire
De contes à dormir de bout.

De ce que hors de chez son Pere
Elle estoit sequestrée ainsi,
Ie ne me mets guere en soucy,
Car la chose n'importe guere.

Il ne m'est pas plus important,
De sçauoir au vray, si le temple,
Estoit de cent pas, par exemple,
Ou de moins, de la tour distant.

Dans ce temple en pelerinage
Tous les ans, à iours de campos,
Tant de Sestos, que d'Abidos,
Que des villes du voisinage.

Dans ce temple, donc, l'on venoit
Des villes proches & lointaines,
Par quarterons, & par centaines,
Et de mesme on s'en retournoit.

A cette feste d'importance,
On alloit de prez, & de loing :
Chacun de Venus à besoin,
Encore plus que l'on ne pense.

Ce fut où la belle Hero
Donna dans la veuë à Leandre,
Qui de sa part luy sçeut bien rendre,
En criant sur son cœur Haro.

La chose arriua de la sorte
Que ie m'en vai vous la conter,
Non sans quelquefois m'escarter ;
Car la rime son homme emporte.

Enuiron entre sept & huit,
Leandre monta sur sa beste,
Bien resolu d'estre à la feste,
Et mesme d'y faire grand bruit.

Or vous sçaurez que sa monture
Estoit vne maigre jument,
Qui dépuis six mois seulement
Auoit mis bas sa geniture.

Vn petit mal-heureux poulain
Estoit donc du train de Leandre,
Qui fit dessein lors de le vendre;
Car cela luy sembla vilain.

Ce Poulain chut dans une orniere,
Leandre bien fort en pesta ;
Car l'en tirant, il se crotta
D'vne tres-vilaine maniere.

Mais des Cieux le miroir ardent
Maistre dessicateur de crottes,
Autant sur habits que sur bottes,
Donna remede à l'accident.

De Renard vne grosse queuë
Qui sur l'espaule luy flottoit,
Vn grand ornement adioustoit
A son bonnet de couleur bleuë.

Tant alla le trot, ou le pas,
Qu'a la fin il ioignit la barque,
Où pour passer outre, on s'embarque;
Car sans barque, on ne le peut pas.

Lors la Mer vous m'en pouuez croire,
N'auoit point de Gués, ny de Pons,
Qui les luy feroit assez longs,
Auroit belle place en l'histoire.

Voila le Iouuenceau passé,
Voyons ce que fait la Pucelle,
Qui ce iour-là, pour estre belle,
Consulta son miroir cassé.

Deux

Deux pendans d'oreilles en poires
A ses oreilles pendilloient,
Et pour du verre assez brilloient
Au trauers de ses boucles noires.

Vne Simarre de bougran,
De mainte paillette estoilée
Sur sa peau paroissoit collée:
Elle estoit couleur de saffran.

Sa coëffure estoit fort commode,
C'estoit vn chaperon tanné,
Tant plein que vide galonné
D'vn petit galon à la mode.

Vers le temple elle cheminoit,
Et Meſsieurs ſes chers Pere & Mere
Marchoient deuant, & ſon grand Frere,
Par ciuilité la menoit.

Alors qu'elle entra dans l'Egliſe,
Chacun fit exclamation:
Telle fut l'admiration
Dont tout le monde eut l'ame épriſe.

Chacun cria tout eſperdu
La malle-peſte qu'elle eſt belle!
Plus d'vn, en offrit ſa chandelle,
Ce fut autant de bien perdu.

Maint Paon vainement fit la roüe,
Autour de ce jeune tendron;
Maint la fleura comme vn levron,
Au hazard d'auoir sur la jouë.

Là-dessus on sacrifia:
Iamais de plus digne Prestresse,
Pour vne plus digne Déesse,
Plus dignement n'officia.

Leandre couroit apres elle
Comme vn loup apres la brebis,
Iusqu'à marcher sur ses habits
Dont quasi s'offença la belle.

Apres le sacrifice fait,
Hero fit dans son oratoire,
Vne Oraison iaculatoire,
Ie n'ay pas sçeu sur quel suiet.

Force Godelureaux à vendre,
Deuant Hero faisans les beaux,
Tirerent leur poudre aux moineaux,
Ce que ne faisoit pas Leandre.

Le Drosle prez-delle à genoux,
Feignant de lire en son breuiaire,
Disoit tout bas en Grec vulgaire,
Belle! ie meurs d'amour pour vous.

Elle regardant dans son liure
Luy répondit la face en feu,
Parlant bas, pour couurir son jeu,
Encor n'est-il rien que de viure.

Cependant que deuotement
Sa Mere prioit dans le temple,
Son Pere de mauuais exemple,
Sur vn banc ronfloit rudement.

Deux fois son espouse discrette,
Pour le reueiller le picqua,
Et deux fois il se rembarqua
A ronfler d'vn son de trompette.

Vn vieil Sacristain, qu'attira
Le bruit de telle ronflerie,
Le vint éueiller de furie,
Et sa basque luy deschira.

Il fallut faire la retraitte;
On sortit; & le jeune amant
Se cacha temerairement
Dans vne petite cachette.

Quand hommes, femmes, chiens & chats,
Bref, quand tout fut hors de l'Eglise,
La belle changea de chemise,
Et fit voir sa gorge & ses bras.

Leandre voyant ces merueilles,
En fut quasi comme enragé:
O qu'il n'eust pas alors changé
Ses deux yeux, contre vn cent d'oreilles.

Quand elle eut repris son corcet
Tout tremblant, il s'approcha d'elle,
Si lors de l'aymable Pucelle
Le cœur battit fort, Dieu le sçait.

Elle en eut vne telle transe,
Que deuant qu'elle pust crier
Il eut le temps de la prier
De vouloir escouter sa chance.

Leandre aux deux bras la harpa
Luy donnant du plat de la langue,
Mais en commenceant sa harangue
Plusieurs fois il s'entrecoupa.

Enfin, à force de reprendre
Et d'avoir bien rappetassé
Le discours déja commencé,
Il se fit assez bien entendre.

A peu prez, il luy dit ainsi:
Beny soit celle dont le ventre
Vous logea neuf mois dans son centre,
Beny soit vostre Pere aussi.

O qu'ils sçauoient bien l'vn & l'autre
Trauailler en posterité,
Comme on voit par vostre beauté
Qui rend mon cœur captif du vostre.

Dittes-moy, s'ils furent long-temps
A vous composer si parfaite,
Et s'ils me vendroient leur recette,
Pour faire ainsi de beaux enfans.

Mais ce n'est pas ce qui me mene,
Ie voudrois sçauoir seulement,
Si moy, Leandre, vous aymant,
Vous, Hero, seriez inhumaine.

Celles que le Ciel comme vous,
Forma de choses pretieuses,
Sont fantasques, imperieuses,
Et sauf les yeux n'ont rien de doux.

Ie ne puis bien encor vous dire,
Si le Ciel vous à faitte ainsi ;
Mais pour moy, tel que me voicy,
Ie mets mon cœur sous vostre empire.

N'allez pas vous scandaliser,
D'vn don de si peu d'importance,
Ce n'est pas vous faire vne offence,
Que de se faire refuser.

Vous pouuez faire la Tygresse,
Traitter mon amour d'attentat;
Me faire prendre auec esclat;
Mais croyez-moy belle Prestresse,

Ce seroit faire vne action,
Dont la suitte seroit tragique,
Et violer la foy publique,
Sous ombre de deuotion.

De Venus Sacrificatrice,
Faites ce que Venus feroit,
La bonne Déesse seroit,
Aux vœux de son Amant propice.

Elle auroit pitié d'vn captif,
D'vn captif comme moy fidelle,
Et prest de finir en chandelle,
C'est à dire brusler tout vif.

Helas! ma mort est manifeste,
A moins d'agréer vn himen,
Vous n'auez rien qu'à dire, Amen,
Et me laisser faire le reste.

A lors son gosier se serra;
Ses souspirs tout court s'arresterent;
Son teint paslit; ses yeux s'enflerent;
Sa face se defigura.

En suitte, comme deux fontaines,
Ses yeux furent veus ruisseller,
Et son estomach exhaler,
Souspirs & sanglots par centaines.

La Vierge entendant debiter
Au Iouuenceau tant de merueilles,
Se mit à gratter ses oreilles;
Car elle en auoit à gratter.

Puis faisans la scandalisée,
Comme les filles font toûjours,
Elle luy tint ce fier discours,
Que i'ay recueilly de Musée.

E iij

A qui donc penses-tu parler?
Crois-tu que ta blanche Magie,
Ait sur moy beaucoup d'énergie,
Pretens-tu m'en ensorceller?

Sçais-tu bien que Maman mignonne,
Se picque de femme de bien;
Est femme qui pour moins que rien,
Estrangleroit une personne?

Sçais-tu que Messieurs mes Parens
Sont de maniere assassinante;
Sont gens d'une humeur peu souffrante,
Et qui toûjours montrent les dens?

Sçais-tu qu'à la porte du temple,
Lors que ton crime se sçaura,
Le peuple te lapidera,
Et que tu seruiras d'exemple.

Et sçais-tu que loin d'assouuir
Ton auide, & peu sage enuie,
I'ayme bien mieux perdre la vie,
Que ce que tu me veux rauir.

La Pucelle, ayant dit ces choses
De grande edification,
Souffrit grande alteration,
En son teint de lis, & de roses.

Son beau visage en moins de rien,
Fut veu diuerses couleurs prendre;
Mais toûiours les yeux sur Leandre,
Dont le matois s'apperceut bien.

Il l'appella toute diuine;
Maint doux regard il luy lança
Et blasphemant, la menaça
De s'outrepercer la poitrine.

Et puis il fit l'éuanouy,
Ou le fut, le pauure ieune homme,
Et trauailla si bien, en somme
Qu'il entendit dire vn oüy.

Apre

Apres cette parole oüye,
Il fit cent postures de fou,
Et se fit grand mal au genou,
S'agenouillant à l'estourdie.

C'est à peu prés comme cela,
Que les deux Amans s'entreuirent;
Qu'ils s'aymerent; qu'ils se le dirent,
Et que le Diable s'en mesla.

Hero fit sçauoir à Leandre,
Que dans sa tour elle n'auoit
Qu'vne femme qui la seruoit,
Qui pour elle se feroit pendre.

Leandre fit deſſein deſlors
De luy faire vn preſent honeſte:
On dit qu'au premier iour de feſte,
Il luy fit don d'vn juſt'aucorps.

De la Mer l'obſtacle terrible,
Cauſoit vn déplaiſir amer,
A nos deux Amans d'outre-mer,
Rendant leur himen impoſſible.

Car la mer n'eſt iamais ſans vent,
Leandre eſtoit lors ſans nacelle;
Puis, c'eſtoit deſſrier la belle
Que de la viſiter ſouuent.

Quoy que l'Helespont soit bien large,
Dit Leandre, ie suis Garçon
A nager ainsi qu'vn poisson
Vers vous de l'vne à l'autre marge.

Ayez vn flambeau seulement
De qui la clarté me gouuerne;
Mais qu'il soit dans vne lanterne;
Car il s'esteindroit autrement.

Mais si quelque poisson vous mange
Dit-elle: Mais, dit le Garçon,
Si ie mangeois quelque poisson,
La chose seroit plus estrange.

Elle sourit à ce discours.
La nuit vint. L'amoureux Leandre
Apres un Adieu triste & tendre,
Se separa de ses amours.

Ie n'allonge point mon histoire,
En vous faisant sçavoir comment
Sortit du temple nostre Amant
A la faueur de la nuit noire.

On se le peut bien figurer,
Et que dans la tour retournée,
Hero passa mal la iournée,
Et ne fit rien que souspirer.

Elle a Seste; luy dans Abide;
L'vn & l'autre le cœur transy
Firent, ou ie me trompe, ainsi
Qu'vn affamé qui masche à vide.

Hero fit part, non sans rougeur,
A sa Seruante de l'affaire,
Qui loin de rien dire, au contraire
S'en réiouït de tout son cœur.

La nuit entr'eux deux arrestée
Couurit les Cieux de son manteau.
L'amante alluma son flambeau
Terriblement inquietée.

Son Amant hardy, cependant,
Sur l'Helespontique riuage,
Attendoit pour se mettre à nage
La lüeur du signal ardent.

Le signal parut. Sans remise,
Rompant eguillette & boutons
Dans l'humide seiour des Thons,
Il lança son corps sans chemise.

Il nage viste comme un trait;
Ses bras nerueux qui l'onde entament,
Au trauers des flots si bien rament,
Que peu luy dura le trajet.

Si-tost que Hero pût entendre
Le bruit que faisoit fendant l'eau
Son temeraire Iouuenceau,
Elle se hasta de descendre.

La Seruante de pied en cap,
Couurit Leandre en diligence
Pour garder quelque bien-seance;
On m'a dit que ce fut d'un drap.

Bruslant comme il faisoit dans l'ame
Son corps moüillé fut bien-tost sec;
Et puis auec humble respec,
Il fit compliment à sa Dame.

Il falloit du temps profiter:
Leandre entra chez la Pucelle;
L'espousa; se coucha prés d'elle:
Le reste ne se peut conter.

Il faut en semblable auenture,
Pressé d'un semblable desir,
Auoir eu semblable plaisir,
Pour faire semblable peinture.

Qu'on se figure seulement
Deux ieunes cœurs qu'amour assemble,
Et ce qu'ils peuuent faire ensemble,
Quand ils n'y feroient qu'un moment.

Il n'eſt ſi bonne compagnie
Qui ne ſe ſepare à la fin ;
Il fallut deuant le matin
Se quitter ſans ceremonie.

Ie laiſſe à iuger aux Lecteurs,
Quand ces Amans ſe ſeparerent,
Si leurs cœurs tendres ſouſpirerent,
Si leurs yeux verſerent des pleurs.

Phœbus au teint de couleur d'ambre,
N'eſtoit pas encore hors de l'eau,
Que noſtre amoureux Iouuenceau
Eſtoit de retour dans ſa chambre.

G

Il auoit besoin de repos
Ayant passé la Mer à nage,
Et mesme ayant fait dauantage
Que de lutter contre les flots.

Mais en amour les grandes peines
Sont les grands diuertissemens,
Et rien n'est fascheux aux amans
Que les rigueurs trop inhumaines.

Dés la nuit donc, il retourna
Visiter celle qu'il adora,
Et la nuit qui suiuit encore,
La mesme peine il se donna.

Et d'une hardiesse mesme
Toûjours aux poissons s'exposa,
Si ce n'est qu'il se reposa
A la nuit quatorze, ou quinsiesme.

A l'vne de ces deux nuits-là,
Ie n'ay jamais bien sçeu laquelle,
Hero fit luire sa chandelle,
Laquelle pour neant brusla.

Elle en fit bien du bruit la belle;
Mais son respectueux amant,
Ie ne veux point dire comment,
Fit bien-tost sa paix auec elle.

Depuis l'aymable temps des fleurs,
Iusqu'au temps ou la terre donne
Les derniers presens de l'Automne,
Et de l'Hiuer prene les couleurs,

Noſtre amoureux infatigable,
Chaque nuit alla faire vn tour
Vers ſa chere & fatale tour,
D'vne conſtance non croyable.

O prodigieuſe bonté
Des Amans de ce ſiecle antique!
Quel Amant aujourd'huy ſe pique
D'en faire autant pendant l'Eſté!

Hero, i'ay presque dit la Vierge,
De son costé soigneusement,
A son impetüeux Amant,
Allumoit sa lampe ou son cierge.

Mais l'Hiuer vint. Des Aquilons
Les incartades infinies,
Firent des vagues applanies
Des Montagnes & des Vallons.

Tandis que le repos de l'Onde
Par les Vens est ainsi troublé,
Leandre d'ennuis accablé,
Peste au bord de la Mer qui gronde.

G iij

Il deteste les actions,
Des fougueux officiers d'Eole,
Et de l'Hiuer qui tout desole,
Et nuit aux nauigations.

Pendant cette absence cruelle,
Hero dépeignit ses ennuis
Dans cette epistre, dont depuis,
Ouide en fit vne si belle.

Enfin Leandre receuant,
De Hero maint & maint message,
Comme vn Amant qui n'est pas sage
S'encouragea contre le Vent.

Il voit luire la torche ardente,
A telle fin que de raison,
Au haut de la chere maison
De sa Maistresse impatiente.

Le voila tout determiné,
Il descend sur le froid riuage,
Voit l'Helespont remply d'orage,
Et n'en est pas fort estonné.

L'amour, dont son ame est esprise,
A tel point luy grossit le cœur,
Qu'il croit auoir plus de vigueur
Qu'il n'en faut pour son entreprise.

D'vne main il deffit ses glans,
Qui s'estoient meslez d'auanture,
De l'autre il deffit sa ceinture,
Qu'il serra dans l'vn de ses gans.

Ses yeux les plaines arpenterent
Du moite & perfide element,
Tandis que fraternellement,
Ses deux pieds s'entre-deschausserent.

Il mit en forme de balot,
Ou bien si vous voulez de bale,
Ses habits de sarge d'Aumale,
Dans vn rocher baigné du flot.

Il est nud ; dans l'onde il se jette,
Et de soy-mesme le batteau,
A qui sert d'estoile un flambeau,
Bien auant en mer il trajette.

De sa barque à quatre auirons,
Ie veux dire de sa personne,
La plaine sallée il sillonne,
Comme les vaisseaux les plus promps.

Mais des vens la rage inhumaine,
A la longue l'appetit,
Et luy rend petit à petit,
Le corps foible, & grosse l'haleine.

H

O flots! ô vens sours à ma voix!
En allant, espargnez ma vie,
Au retour, saoulez vostre enuie;
(Ainsi disoit-il quelquefois.)

Souuent la vague au Ciel l'esleue,
Lors il entreuoit le flambeau,
Et souuent l'enfonce dans l'eau,
Lors il trouue quasi la greve.

Hero pour deffendre du veut
La lumiere de sa chandelle,
Met sa chemise deuant elle,
Et se brusle les doigts souuent.

Elle regrette vne lanterne,
L'imprudente n'en auoit pas,
Cependant le vent haut & bas,
Terriblement son Amant berne.

Tant qu'il voit luire le flambeau,
L'espoir de gagner le riuage
Luy fournit assez de courage,
Pour vaincre la rage de l'eau.

Mais vn vent, peut-estre de Bise.
Ou quelque autre rude souffleur,
Fit à Hero par grand mal-heur,
Leuer vn pan de sa chemise.

De ce linge, qui deffendoit
Comme vn Parauent la chandelle,
De ces pauures Amans, & d'elle
La vie ou la mort dépendoit.

Elle fut donc du vent éteinte:
L'espoir de Hero s'éteignit:
A l'Amour elle s'en plaignit;
Mais le vent emporta sa plainte.

Trois fois en vain elle souffla,
Pour rendre vie à sa chandelle;
Mais Hero n'estoit plus Pucelle,
Il le faut estre pour cela.

Cependant le pauure Leandre
Cherche en vain des yeux son fanal;
Il nage ; mais il nage mal,
Et ne peut plus la vague fendre.

Ainsi qu'vn vaisseau dematé,
Sans nocher, timon, ny cordage
Est agité durant l'orage,
Le pauure Amant est agité.

Il sent que ses forces s'épuisent;
Qu'il a peur ; qu'il n'auance plus,
Et que ses efforts superflus,
Luy seruent moins, qu'ils ne luy nuisent.

Dans le temps que du pauvre Amant
Les derniers desastres augmentent,
Des ennemis qui le tourmentent
La rage augmente doublement.

Les Dieux ne l'écouterent gueres,
Ou furent alors empéchez,
Autrement, il les eust touchez
Avec ses feruentes prieres.

Enfin à cét orage noir,
Cede l'amoureuse personne,
Enfin sa vigueur l'abandonne,
Comme a déja fait son espoir.

Enfin la vague a la victoire
L'insolente insulte au pauuret,
Et luy fait auäller maint trait,
D'vne eau qui n'est pas bonne à boire.

Quoy qu'il en bust mal volontiers;
Il beut trop; Ses sens s'en troublerent;
Bref il mourut, dont s'affligerent
Terriblement ses creanciers.

O que ce fut vn grand dommage?
Il acheuoit vn gros Romant,
Qui deuoit estre aussi charmant
Qu'Astrée, & mesme dauantage.

O que la Mer mal en vsa!
Aussi tost que la Iouuencelle,
Eut laissé souffler sa chandelle,
La Mer fantasque s'appaisa.

Les vens aussi fantasques qu'elle,
S'en allerent ailleurs souffler.
Laissons les vens ailleurs aller,
Retournons à l'Amant fidelle.

La Mer porta son corps à bord,
Enflé de l'eau qu'il auoit beuë:
Spectacle funeste a la veuë,
De celle qu'il aymoit si fort.

Regrettant sa chandelle encore,
Et regardant vers l'Horison,
Si la femme du vieux grison;
C'est comme qui diroit l'Aurore.

Regardant donc vers l'Orient,
Si la vigilante fourriere,
Du Dieu qui porte la lumiere,
Montroit son visage riant.

Elle fit, & n'y gagna guere,
Des regrets, dont le seul recit,
A ce que sa Servante a dit,
Toucheroit vne belle Mere.

Apres auoir bien lamenté
En triste iargon d'Elegie,
L'Aube rendit la Mer rougie,
De noire qu'elle auoit esté.

L'Astre du iour encor dans l'Onde,
Blanchit la lisiere des Cieux,
Et la nuit fermant tous ses yeux,
Se retira dans l'autre monde.

Tandis que son train tenebreux
Disparoit deuant la lumiere,
L'œil du Ciel ouure sa paupiere,
Et rend l'Horison lumineux.

Quand les objets se discernerent,
Ie parle des moins reculez,
Les yeux de Hero desolez,
Sur la Mer leurs regards ietterent.

Ils virent l'Helespont en paix,
Dont d'abord ils se réjouïrent;
Mais helas! sur ses bords ils virent
Vn corps mort, s'il en fut iamais.

Lors l'Amante déconfortée,
Lascha la bonde à ses sanglots,
Et fit en deux ou trois grands sauts
Tout le chemin de sa montée.

Vers le riuage elle courut;
Vit son amant mort sans remede,
Lors criant, Dieu me soit en ayde,
Sur luy raide morte elle chut.

On dit qu'un Autheur l'a blasmée,
D'auoir tant pris la chose à cœur;
Mais sauf l'honneur de cét Autheur,
D'autres l'en ont fort estimée.

Grand FOVCQVET i'ay fait mon chant,
S'il a le bon-heur de te plaire,
C'est tout ce que i'ay voulu faire
Qui n'en voudroit bien faire autant

FIN.

www.ingramcontent.com/pod-product-compliance
Lightning Source LLC
LaVergne TN
LVHW051511090426
835512LV00010B/2467